MARTINA KITTLER

TAJINE

FOTOGRAFIE: ANKE SCHÜTZ, AUEN60 PHOTOGRAPHY

INHALT

Öffnen Sie die Klappen dieses Buches.
Dort finden Sie die wichtigsten Infos zum Thema auf einen Blick!

DAS PRINZIP:
TAJINE

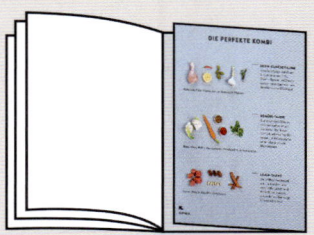
DIE PERFEKTE
KOMBI

Immer griffbereit:

SO GEHT'S.
KOCHEN MIT
DER TAJINE

Immer griffbereit:

TIPPS VOM
PROFI

GU CLOU

Wussten Sie schon, dass ...?
Entdecken Sie bei einigen ausgewähl-
ten Rezepten ganz besondere Tipps
mit verblüffendem Insiderwissen.
Aha-Momente garantiert!

Mit diesem Symbol sind alle vegetarischen
Gerichte gekennzeichnet.

Die Backzeiten können je nach Herd variie-
ren. Unsere Temperaturangaben beziehen
sich auf das Backen im Elektroherd mit
Ober- und Unterhitze.

Sammeln Ihrer Lieblingsrezepte
mit der »GU Kochen Plus«-App
(siehe S. 64)

REZEPTKAPITEL

06
VEGETARISCHES

22
FLEISCH & GEFLÜGEL

38
FISCH & MEERES-
FRÜCHTE

50
SÜSSES

MARTINA KITTLER

Für gesunden Genuss habe ich ein Faible und würde dafür immer – auf der Suche nach neuen Ideen – bis ans Ende der Welt reisen. Im Idealfall kann ich beides vereinen. So kommt es, dass eine Tajine bei mir nicht im Schrank, sondern als Lieblingskochtopf in der Küche steht.

Wie bin ich auf die Tajine gekommen?

Den Tontopf mit spitzem Deckel lernte ich erstmals in Marokko kennen. Landauf, landab werden dort überall in Restaurants und am Straßenrand Gerichte aus der Tajine angeboten. So aromatisch, appetitlich und vielseitig, dass ich am liebsten überall probiert hätte. Die Mahlzeiten – die übrigens auch Tajine heißen! – bestehen meist aus Kartoffeln und verschiedenen robusten Gemüsesorten wie Möhren, Kürbis, Lauch und Kohl, die stundenlang mit Fleisch von Hähnchen, Lamm, Rind oder Fisch direkt auf dem Holzkohlegrill schmoren. Verfeinert mit edlen Gewürzen, Zitronen, Quitten, Datteln oder Oliven, war das für mich eine kulinarische Entdeckung. Klar, dass meine Tajine immer auf den Tisch kommt, wenn ich Fernweh nach dem Orient habe.

Warum koche ich mit der Tajine?

Weil in keinem anderen Topf Gemüse, Fleisch, Fisch und Süßes so aromatisch gelingen wie in dem marokkanischen Tongefäß. Alles gart schonend im eigenen Saft, nichts kann anbrennen. Nährstoffe, Geschmack und Biss, zum Beispiel von Gemüse, bleiben erhalten.

Welche Vorteile schätze ich besonders?

Die Tajine ist ein echter Allrounder – eine Mischung aus Schmortopf und Dampfgarer, sie eignet sich sogar zum leichten Anbraten. Man kann sie auf dem Herd, im Backofen oder auf dem Grill benutzen. Ist der Deckel erst mal drauf, köchelt die Tajine allein vor sich hin. Inzwischen kann man ganz entspannt die Küche aufräumen oder einfach noch das Gemüse vorbereiten, das später dazukommt.

DIE EINFACHSTE TAJINE

1,2 kg Butternusskürbis schälen und in mundgerechte Stücke schneiden.

200 g Schalotten schälen ...

... und mit 125 g ge-schälten Mandeln ...

... 1 EL Harissa-Paste, 1 TL Salz und 6 EL Oli-venöl dazugeben.

Die Zutaten in der Tajine mit 100 ml kochendem Wasser übergießen und 30 Minuten garen. Was dabei herauskommt? Saftiges Kürbisgemüse mit Harissa-Schärfe-Kick (für 4 Personen).

VEGETARISCHES

Für 4 Personen • 30 Min. Zubereitung • 45 Min. Garen • Pro Portion ca. 305 kcal, 8 g E, 12 g F, 42 g KH

RATATOUILLE-TAJINE 🌿

AUS MAROKKO

2 Zwiebeln
2 Knoblauchzehen
2 große Auberginen
2 Zucchini
2 rote Paprikaschoten
200 g getrocknete Aprikosen
4 EL Olivenöl
2 Dosen stückige Tomaten mit
  Kräutern (à 400 g)
1 EL Ras el Hanout
  (ersatzweise Currypulver)
Salz, Pfeffer
½ Bund Koriandergrün

GUT ZU WISSEN

Ras el Hanout ist eine Gewürz-mischung aus dem nordafrika-nischen Maghreb, die meist über 20 Gewürze enthält – von Anis über Muskatnuss bis Zimt. Sie verleiht Gerichten ein un-vergleichbares Flair wie aus Tausendundeiner Nacht!

1 Die Tajine bei Bedarf mindestens 10 Min. wässern. Die Zwiebeln schälen, längs halbieren und in dünne Halbringe schneiden. Die Knoblauchzehen schälen und in feine Würfel schneiden. Die Auberginen putzen, waschen, längs vierteln und in ca. 1 cm breite Stücke schneiden. Die Zucchini putzen, waschen und in ca. 1 cm dicke Scheiben schneiden. Die Paprikaschoten der Länge nach vierteln, putzen, waschen und quer in ca. 1 cm breite Streifen schneiden. Die Aprikosen der Länge nach halbieren.

2 Das Öl in der Tajine auf dem Herd langsam erhitzen. Dann die Zwiebeln und den Knoblauch darin 1–2 Min. anbraten. Die Auberginen und Zucchini hinzufügen und unter Wenden weitere 3–4 Min. mitbraten. Zuletzt Paprikaschoten, Aprikosen und Tomatenstücke dazugeben. Alles mit Ras el Hanout, Salz und Pfeffer würzen und gut mischen. Den Deckel auflegen und die Dampfsperre mit kaltem Wasser füllen. Die Tajine erst bei starker Hitze aufkochen, dann bei mittlerer Hitze fertig garen – das dauert insgesamt ca. 45 Min.

3 Zum Servieren den Koriander waschen, trocken schütteln, die Blätter abzupfen und grob hacken. Die Ratatouille mit Salz und Pfeffer abschmecken und mit dem Koriandergrün bestreuen. Dazu schmeckt Couscous.

Für 4 Personen • 15 Min. Zubereitung • 20 Min. Garen • Pro Portion ca. 215 kcal, 11 g E, 15 g F, 9 g KH

TOMATEN-TAJINE MIT FETA 🌿

SCHNELL

1 kg bunte Kirschtomaten
200 g Schafskäse (Feta)
4 Knoblauchzehen
1 rote Chilischote
½ Bund Oregano
   (ersatzweise 2 TL getrockneter Oregano)
2 EL Aceto balsamico
2 EL Olivenöl
Salz, Pfeffer
½ Bund Petersilie

AUSSERDEM
Olivenöl für die Tajine

1 Die Tajine bei Bedarf mindestens 10 Min. wässern. Den Backofen auf 200° vorheizen. Die Tomaten waschen. Den Feta in kleine Würfel schneiden. Die Knoblauchzehen schälen und fein würfeln. Die Chilischote längs halbieren, die Kerne entfernen, die Hälften waschen und in feine Würfel schneiden. Den Oregano waschen, trocken tupfen, die Blätter abzupfen und fein hacken.

2 Den Boden der Tajine mit etwas Öl bestreichen. Die Tomaten in die Tajine legen und Feta, Knoblauch, Chiliwürfel und Oregano darauf verteilen. Alles mit Essig und Öl beträufeln und mit Salz und Pfeffer würzen. Den Deckel auflegen, die Dampfsperre mit kaltem Wasser füllen und die Tajine im Ofen (unten) ca. 20 Min. garen.

3 Inzwischen die Petersilie waschen, trocken tupfen, die Blätter abzupfen und fein hacken. Zum Servieren die Tajine mit der Petersilie bestreuen. Dazu schmeckt ein Fladenbrot oder Ciabatta.

Für 4 Personen • 30 Min. Zubereitung • 20 Min. Garen • Pro Portion ca. 425 kcal, 6 g E, 17 g F, 68 g KH

KÜRBIS-MARONEN-GEMÜSE 🍃

1 Hokkaido-Kürbis (ca. 1,2 kg)
2 Knoblauchzehen
1 TL Cayennepfeffer
2 TL gemahlener Koriander
1 TL gemahlener Ingwer
Salz
6 EL Olivenöl
1 säuerlicher Apfel
  (z. B. Boskop)
200 g geschälte, gegarte
  Maronen (vakuumiert;
  Esskastanien)
1 EL flüssiger Honig
½ Bund Koriandergrün
Pfeffer

1 Die Tajine bei Bedarf mindestens 10 Min. wässern. Kürbis waschen, vierteln und Kerne und Fasern herauskratzen. Kürbis erst in 3–4 cm breite Spalten, dann quer in ca. 1 cm breite Scheiben schneiden. Knoblauch schälen und fein würfeln, mit Cayenne, Koriander, Ingwer, 1 TL Salz und 4 EL Öl verrühren. Kürbis im Würzöl wenden. Apfel waschen, vierteln, entkernen und in Spalten schneiden.

2 Übriges Öl in der Tajine langsam erhitzen, den Kürbis darin bei mittlerer Hitze ca. 5 Min. unter Wenden anbraten. Maronen dazugeben, mit Honig beträufeln und leicht karamellisieren. 125 ml Wasser und Apfel hinzufügen. Deckel auflegen und die Dampfsperre mit kaltem Wasser füllen. Tajine bei starker Hitze aufkochen, dann bei mittlerer Hitze fertig garen – das dauert insgesamt ca. 20 Min.

3 Koriander waschen, trocken tupfen und die Blätter abzupfen. Zum Servieren Tajine salzen, pfeffern und mit Koriander bestreuen.

GEMÜSE-QUINOA-TAJINE 🍃

SOMMER-REZEPT

1 großer Blumenkohl
600 g Möhren
2 junge Kohlrabis
6 Schalotten
1 Bio-Zitrone
8 EL Olivenöl
1 ½ TL gemahlene Kurkuma
1 TL rosenscharfes Paprikapulver
Salz, Pfeffer
300 ml Gemüsebrühe
150 g rote Quinoa

MEHR DARAUS MACHEN

Für einen Dip 2 Avocados halbieren, entkernen, schälen, mit 2 EL Limettensaft zerdrücken. 4 gehackte Frühlingszwiebeln, 1 gehackte rote Chilischote und 200 g körnigen Frischkäse (oder Sojaquark für Veganer) untermischen, salzen.

1 Die Tajine bei Bedarf mindestens 10 Min. wässern. Den Backofen auf 180° vorheizen. Den Blumenkohl putzen, waschen und in Röschen teilen. Die Möhren putzen, schälen, je nach Dicke längs halbieren oder vierteln und in ca. 5 cm lange Stifte schneiden. Kohlrabis putzen, schälen und in ca. 1 cm breite Spalten schneiden. Schalotten schälen und halbieren.

2 Die Zitrone heiß waschen, abtrocknen und die Schale fein abreiben, die Zitrone halbieren und den Saft auspressen. In einer großen Schüssel das Öl mit Zitronensaft und -schale, Kurkuma, Paprikapulver, Salz und Pfeffer verrühren. Das Gemüse dazugeben und mit dem Würzöl mischen, in der Tajine verteilen und 125 ml Brühe dazugießen. Den Deckel auflegen, die Dampfsperre mit kaltem Wasser füllen und die Tajine im Ofen (unten) ca. 40 Min. garen.

3 Inzwischen die Quinoa in einem Sieb heiß waschen und gut abtropfen lassen. Die Quinoa nach 40 Min. Garzeit unter das Gemüse mischen und die übrige Brühe dazugießen. Das Ganze zugedeckt im Ofen noch ca. 40 Min. garen. Zum Servieren das Gemüse mit der Quinoa mischen und alles nochmals mit Salz und Pfeffer abschmecken.

Für 4 Personen • 25 Min. Zubereitung • 25 Min. Garen • Pro Portion ca. 485 kcal, 31 g E, 9 g F, 69 g KH

TAJINE MIT KICHERERBSEN UND BROKKOLI 🌿

SCHNELL

FÜR DAS GEMÜSE

500 g Brokkoli
2 Stangen Staudensellerie
200 g Schalotten
2 Knoblauchzehen
2 Dosen geschälte Tomaten
  (à 400 g)
1 große Dose Kichererbsen
  (530 g Abtropfgewicht)
Salz, Pfeffer

FÜR DIE GEWÜRZPASTE

½ Bio-Zitrone
2 TL gemahlener Kreuzkümmel
2 TL edelsüßes Paprikapulver
1 TL Pul Biber (scharfe Paprika-
  flocken)
Salz, Pfeffer

MEHR DARAUS MACHEN

Für ein Topping 50 g Walnuss-kerne hacken, in einer Pfanne ohne Fett rösten, abkühlen las-sen. 3 Stiele Minze und ½ Bund Petersilie waschen, trocken tup-fen, Blätter abzupfen und fein hacken. Mit Nüssen mischen.

GEMÜSE: Die Tajine bei Bedarf mindestens 10 Min. wäs-sern. Den Brokkoli putzen, waschen und in Röschen teilen, die Stiele schälen und ca. 1 cm groß würfeln. Den Sellerie putzen, waschen und in ca. 1 cm breite Scheiben schneiden. Schalot-ten und Knoblauchzehen schälen und längs halbieren.

Die Tomaten in der Dose mit einem Messer grob zerschnei-den. Kichererbsen in ein Sieb abgießen, kalt abbrausen und abtropfen lassen. Brokkoli, Sellerie, Schalotten, Knoblauch, Tomaten samt Saft und Kichererbsen in der Tajine mischen.

GEWÜRZPASTE: Die Zitrone heiß waschen, abtrocknen und die Schale fein abreiben, dann den Saft auspressen. Zitronensaft und -schale mit Kreuzkümmel, Paprikapulver, Pul Biber und 5 EL Wasser verrühren. Die Gewürzmischung über das Gemüse gießen, alles gut mischen und kräftig mit Salz und Pfeffer würzen.

FERTIGSTELLEN: Den Deckel auflegen und die Dampf-sperre mit kaltem Wasser füllen. Die Tajine erst bei starker Hitze aufkochen, dann bei mittlerer Hitze fertig garen – das dauert insgesamt ca. 25 Min. Das Gemüse soll weich, aber noch bissfest sein. Zum Servieren das Gemüse nochmals mit Salz und Pfeffer abschmecken.

Für 4 Personen • 30 Min. Zubereitung • Pro Portion ca. 160 kcal, 9 g E, 10 g F, 9 g KH

EIER-TAJINE MIT PAPRIKA 🍃

ZUM FRÜHSTÜCK

2 Zwiebeln
3 Knoblauchzehen
2 große gelbe Paprikaschoten
4 große Tomaten
1 EL Butter
1 TL gemahlener Kreuz-
    kümmel
1 TL rosenscharfes Paprika-
    pulver
2 EL Aceto balsamico
Salz, Pfeffer
4 Eier (M)
½ Bund Petersilie

1 Die Tajine bei Bedarf mindestens 10 Min. wässern. Zwiebeln und Knoblauch schälen und separat fein würfeln. Paprika halbieren, putzen, waschen und ca. 1 cm groß würfeln. Tomaten waschen und ca. 1 cm groß würfeln, dabei Stielansätze entfernen. Butter in der Tajine auf dem Herd langsam erhitzen und die Zwiebeln darin 3–4 Min. andünsten. Knoblauch, Paprika, Kreuzkümmel und Paprikapulver 2–3 Min. mitdünsten. Tomaten, Essig und 3 EL Wasser untermischen, alles aufkochen und offen ca. 5 Min. einkochen, salzen und pfeffern.

2 Mit einem Kochlöffel vier Mulden in das Gemüse drücken. Die Eier nacheinander aufschlagen und je 1 Ei in eine Mulde gleiten lassen, salzen und pfeffern. Deckel auflegen, die Dampfsperre mit kaltem Wasser füllen. Tajine erst bei starker Hitze aufkochen, dann bei mittlerer Hitze ca. 5 Min. garen, bis das Eiweiß gestockt ist. Die Petersilie waschen, trocken tupfen, Blätter abzupfen, fein hacken, über die Tajine streuen. Dazu passen Fladenbrot und Sahnejoghurt.

Für 4 Personen • 30 Min. Zubereitung • 50 Min. Garen • Pro Portion ca. 370 kcal, 10 g E, 21 g F, 35 g KH

TAJINE MIT FRÜHLINGSGEMÜSE 🍃

VITAMINREICH

1 Bund Frühlingszwiebeln
3 Knoblauchzehen
500 g grüner Spargel
300 g Mairüben (ersatzweise
　Kohlrabi)
600 g kleine neue Kartoffeln
1 Bund Bundmöhren
　(ca. 750 g)
6 EL Olivenöl
100 g Cashewkerne
1 EL flüssiger Honig
Salz, Pfeffer
3 EL Zitronensaft

1 Tajine bei Bedarf mindestens 10 Min. wässern. Backofen auf 180° vorheizen. Frühlingszwiebeln putzen, waschen, weiße und grüne Teile separat in ca. 2 cm breite Stücke schneiden. Knoblauch schälen und halbieren. Spargel waschen, im unteren Drittel schälen und in ca. 3 cm breite Stücke schneiden, Enden entfernen. Rüben putzen, schälen und in ca. 1 cm breite Spalten schneiden. Kartoffeln waschen und halbieren. Möhren putzen, schälen und längs halbieren.

2 In der Tajine 3 EL Öl langsam erhitzen, weiße Frühlingszwiebeln und Knoblauch darin 2–3 Min. anbraten. Spargel, Rüben, Kartoffeln, Cashews und Honig 2–3 Min. mitdünsten, salzen und pfeffern. Möhren darauflegen, Zitronensaft und 100 ml heißes Wasser dazugießen. Deckel auflegen, Dampfsperre mit kaltem Wasser füllen und Tajine im Ofen (unten) 45–50 Min. garen. Nach ca. 25 Min. grüne Frühlingszwiebeln hinzufügen. Zum Servieren nochmals abschmecken und mit übrigem Öl beträufeln. Dazu passen hart gekochte Eier.

WEISSKOHL-TAJINE 🍃

GÜNSTIG

1 Zwiebel
2 Knoblauchzehen
800 g Weißkohl
1 Fenchel
200 g Möhren
2 rote Paprikaschoten
3 EL Olivenöl
4 EL Tomatenmark
Salz, Pfeffer
2 TL getrocknete Kräuter der
   Provence
1 TL Fenchelsamen

MEHR DARAUS MACHEN
Für Käse-Croûtons 3 Scheiben
Toastbrot in Würfel schneiden,
mit 50 g geriebenem Parme-
san, 2 EL flüssiger Butter und
1 TL rosenscharfem Paprikapulver in einer Pfanne bei mittlerer Hitze in ca. 5 Min. goldbraun rösten.

1 Die Tajine bei Bedarf mindestens 10 Min. wässern. Den Backofen auf 200° vorheizen. Zwiebel und Knoblauch schälen, die Zwiebel in Spalten, den Knoblauch in Scheiben schneiden. Den Kohl putzen, vierteln, vom Strunk befreien und in ca. 1 cm breite Streifen schneiden.

2 Den Fenchel putzen, waschen und halbieren, dabei das Fenchelgrün beiseitelegen. Den Strunk entfernen und die Fenchelhälften in kleine Würfel schneiden. Die Möhren putzen, schälen und schräg in ca. ½ cm dicke Scheiben schneiden. Die Paprikaschoten längs vierteln, putzen, waschen und in ca. 2 cm große Stücke schneiden.

3 Das Öl in der Tajine auf dem Herd langsam erhitzen. Die Zwiebelspalten und den Knoblauch darin bei mittlerer Hitze ca. 2 Min. braten. Dann Weißkohl, Fenchel, Möhren und Papri-ka dazugeben und alles unter Wenden ca. 2 Min. mitdünsten. Das Tomatenmark unterrühren und kurz andünsten.

4 Anschließend 250 ml Wasser dazugießen und alles mit Salz, Pfeffer und Kräutern würzen. Die Fenchelsamen im Mörser fein zerstoßen und ebenfalls hinzufügen. Den Deckel auflegen und die Dampfsperre mit kaltem Wasser füllen. Das Gemüse im Ofen (unten) ca. 45 Min. garen.

5 Inzwischen das beiseitegelegte Fenchelgrün fein hacken. Zum Servieren das Gemüse mit Salz und Pfeffer abschmecken und mit Fenchelgrün bestreuen. Dazu passen Bratkartoffeln.

Für 4 Personen • 20 Min. Zubereitung • Pro Portion ca. 430 kcal, 10 g E, 17 g F, 59 g KH

HARISSA-COUSCOUS 🌿

BEILAGE

1 Zwiebel
2 Knoblauchzehen
4 EL Olivenöl
300 g Couscous
400 ml Gemüsebrühe
Salz, Pfeffer
½ Bund Petersilie
2 EL Harissa
   (scharfe Würzpaste)
2 EL Butter

1 Die Zwiebel und die Knoblauchzehen schälen und in feine Würfel schneiden. Das Öl in einem breiten Topf erhitzen und Zwiebel und Knoblauch darin bei mittlerer Hitze glasig dünsten. Den Couscous einstreuen und ca. 1 Min. mitdünsten. Dann die Brühe dazugießen und alles mit Salz und Pfeffer würzen. Den Couscous unter Rühren einmal aufkochen, anschließend vom Herd nehmen und zugedeckt noch ca. 5 Min. quellen lassen.

2 Inzwischen die Petersilie waschen, trocken tupfen, die Blätter abzupfen und fein hacken. Den fertigen Couscous mit einer Gabel auflockern und Harissa und Butter in Flöckchen untermischen. Mit Petersilie bestreut servieren.

Für 6 Stück • 35 Min. Zubereitung • 1 Std. 10 Min. Gehen • 15 Min. Backen •
Pro Stück 325 kcal, 10 g E, 10 g F, 49 g KH

SESAMFLADENBROTE 🌿

400 g Mehl
½ TL Salz
30 g frische Hefe
½ TL Zucker
3 EL Olivenöl
1 Ei (M)
2 EL heller Sesam
1 TL Meersalz
   (z. B. Fleur de Sel)
   zum Bestreuen

AUSSERDEM
Mehl zum Arbeiten

1 In einer Rührschüssel Mehl und Salz mischen und in die Mitte eine Mulde drücken. Die Hefe in der Mulde zerbröckeln und mit Zucker und 220 ml lauwarmem Wasser verrühren. Den Vorteig zugedeckt an einem warmen Ort ca. 10 Min. gehen lassen. Dann 2 EL Öl hinzufügen und alles mit den Knethaken des Handrührgeräts glatt verkneten. Den Teig auf wenig Mehl mit den Händen 3–4 Min. durchkneten, zur Kugel formen und nochmals ca. 45 Min. gehen lassen.

2 Inzwischen den Backofen auf 200° vorheizen. Ein Blech mit Backpapier belegen. Den Teig nochmals durchkneten, in 6 Portionen teilen, jede Portion zu einem dünnen Fladen formen und auf das Blech setzen. Erneut ca. 15 Min. gehen lassen. Dann die Fladen rautenförmig einschneiden. Das Ei mit dem übrigen Öl verquirlen, die Fladen damit bestreichen und mit Sesam und Meersalz bestreuen. Im Ofen (unten) in ca. 15 Min. goldbraun backen. Herausnehmen und abkühlen lassen.

FLEISCH & GEFLÜGEL

AROMAHÄHNCHEN MIT MÖHREN UND MANDELN

MIT ALKOHOL

4 Hähnchenbrustfilets (ca. 700 g)
Salz, Pfeffer
4 Zwiebeln
600 g Möhren
40 g Ingwer
2 Knoblauchzehen
1 Bio-Orange
4 EL Olivenöl
80 g geschälte Mandeln
400 ml trockener Weißwein
2 Zimtstangen

TAUSCH-TIPP

Die meisten Kinder lieben Hähnchenfleisch. Wenn die Kleinen auch beim Aromahähnchen mitessen möchten, ersetzen Sie den Weißwein am besten durch Hühnerbrühe.

1 Die Tajine bei Bedarf mindestens 10 Min. wässern. Die Hähnchenfilets waschen und trocken tupfen, längs halbieren und quer in ca. 4 cm breite Stücke schneiden. Mit Salz und Pfeffer kräftig würzen. Die Zwiebeln schälen und jeweils in 6–8 Spalten schneiden.

2 Die Möhren putzen, schälen, je nach Dicke längs halbieren oder vierteln und in ca. 3 cm große Stücke schneiden. Ingwer und Knoblauch schälen und fein würfeln. Die Orange heiß waschen und abtrocknen, erst samt Schale vierteln, dann die Viertel quer halbieren.

3 In der Tajine 2 EL Öl auf dem Herd langsam erhitzen und das Fleisch darin in zwei Portionen nacheinander von beiden Seiten in ca. 5 Min. hellbraun anbraten, herausnehmen. Dann Zwiebeln und Mandeln im übrigen Öl bei mittlerer Hitze in 2–3 Min. goldbraun anbraten. Möhren, Ingwer und Knoblauch dazugeben und ca. 2 Min. mitbraten.

4 Die Orangenstücke hinzufügen und die Hähnchenteile in die Mitte legen. Den Wein dazugießen, die Zimtstangen hinzufügen und alles aufkochen.

5 Den Deckel auflegen und die Dampfsperre mit kaltem Wasser füllen. Die Tajine erst bei starker Hitze aufkochen, dann bei mittlerer Hitze fertig garen – das dauert insgesamt 35–40 Min. Zum Servieren mit Salz und Pfeffer abschmecken. Dazu passt Fladenbrot oder Couscous, am besten mit Harissa.

Für 4 Personen • 50 Min. Zubereitung • 45 Min. Garen • Pro Portion ca. 525 kcal, 48 g E, 31 g F, 11 g KH

ZITRONENHÄHNCHEN

4 Hähnchenkeulen
  (à ca. 300 g)
Salz, Pfeffer
4 Zwiebeln
4 Knoblauchzehen
3 EL Olivenöl
2 TL getrockneter Thymian
250 ml Gemüsebrühe
1 Bio-Zitrone
600 g Zucchini
1 Bund Frühlingszwiebeln
150 g grüne Oliven

1 Die Tajine bei Bedarf ca. 10 Min. wässern. Die Keulen im Gelenk durchschneiden, waschen, trocken tupfen, salzen und pfeffern. Zwiebeln und Knoblauch schälen und längs halbieren, die Zwiebeln in ca. 1 cm breite Spalten schneiden. Das Öl in der Tajine auf dem Herd langsam erhitzen. Die Keulen darin bei mittlerer Hitze 7–8 Min. rundum anbraten. Zwiebeln, Knoblauch und Thymian kurz mitbraten, Brühe dazugießen. Deckel auflegen und die Dampfsperre mit kaltem Wasser füllen. Tajine erst bei starker Hitze aufkochen, dann bei mittlerer Hitze fertig garen – das dauert insgesamt ca. 30 Min.

2 Zitrone heiß waschen, abtrocknen und in dünne Scheiben schneiden. Zucchini putzen, waschen, längs vierteln und in ca. 5 cm lange Stücke schneiden. Frühlingszwiebeln putzen, waschen und in Ringe schneiden. Nach ca. 30 Min. Garzeit Zucchini, Frühlingszwiebeln und Oliven dazugeben, Zitronen darauflegen. Die Tajine zugedeckt noch ca. 15 Min. garen. Zum Servieren abschmecken. Dazu passt Reis.

Für 4 Personen • 40 Min. Zubereitung • 1 Std. 35 Min. Garen • Pro Portion ca. 810 kcal, 45 g E, 45 g F, 54 g KH

ENTE MIT SÜSSKARTOFFELN

4 Entenkeulen (à ca. 350 g)
Salz, Pfeffer
250 g Schalotten
2 Knoblauchzehen
1 Stück Ingwer (4 cm lang)
2 EL Olivenöl
400 ml Entenfond
  (aus dem Glas; ersatzweise
  Hühnerbrühe)
2 Zimtstangen
2 Gewürznelken
750 g Süßkartoffeln
12 Datteln

1 Die Tajine bei Bedarf ca. 10 Min. wässern. Den Backofen auf 160° vorheizen. Keulen waschen, trocken tupfen, salzen und pfeffern. Schalotten schälen. Knoblauch und Ingwer schälen und in Scheiben schneiden. Das Öl in der Tajine auf dem Herd langsam erhitzen. Keulen darin in zwei Portionen bei starker Hitze 5–6 Min. rundum anbraten, herausnehmen. Verbliebenes Bratfett bis auf 1 EL abgießen. Schalotten im Ganzen, Knoblauch und Ingwer im Restfett bei mittlerer Hitze ca. 3 Min. andünsten. Fond, Zimt und Nelken dazugeben, Keulen daraufsetzen. Deckel auflegen, die Dampfsperre mit kaltem Wasser füllen und die Tajine im Ofen (unten) ca. 1 Std. garen.

2 Süßkartoffeln putzen, schälen und in ca. 1½ cm breite Stifte schneiden. Datteln längs halbieren, entsteinen und nach ca. 1 Std. Garzeit mit den Süßkartoffeln dazugeben. Alles zugedeckt noch ca. 35 Min. garen, nach ca. 15 Min. die Ofentemperatur auf 220° erhöhen, die Tajine offen fertig garen. Zum Servieren abschmecken.

RINDFLEISCH-TAJINE MIT BOHNEN

GUT VORZUBEREITEN

FÜR DAS RINDFLEISCH

800 g Rindfleisch
  (aus der Schulter)
1 rote Chilischote
2 Zwiebeln
2 Knoblauchzehen
4 EL Olivenöl
Salz, Pfeffer
½ EL gemahlener Kreuzkümmel
1 Zimtstange
1 Dose Kirschtomaten
  (400 g; ersatzweise stückige
  Tomaten)

FÜR DIE BOHNEN

500 g grüne Bohnen
1 Dose weiße Bohnen
  (250 g Abtropfgewicht)

RINDFLEISCH: Die Tajine bei Bedarf mindestens 10 Min. wässern. Das Fleisch in ca. 3 cm große Würfel schneiden. Die Chilischote längs halbieren, die Kerne entfernen, die Hälften waschen und in feine Würfel schneiden. Zwiebeln und Knoblauch schälen und ebenfalls in feine Würfel schneiden.

ANBRATEN: In der Tajine 3 EL Öl auf dem Herd langsam erhitzen. Das Fleisch darin in zwei Portionen nacheinander bei mittlerer Hitze rundum in ca. 5 Min. hellbraun braten, dabei mit Salz, Pfeffer und Kreuzkümmel würzen. Das ganze Fleisch in die Tajine geben. Chili, Zwiebeln, Knoblauch und Zimtstange mit dem übrigen Öl dazugeben und ca. 2 Min. mitbraten.

GAREN: Die Tomaten samt Saft und 100 ml Wasser hinzufügen und alles gut mischen. Den Deckel auflegen und die Dampfsperre mit kaltem Wasser füllen. Die Tajine erst bei starker Hitze aufkochen, dann bei mittlerer Hitze fertig garen – das dauert insgesamt ca. 1 Std.

BOHNEN: Inzwischen die grünen Bohnen putzen, waschen und halbieren. Die weißen Bohnen in ein Sieb abgießen, kalt abbrausen und abtropfen lassen. Grüne und weiße Bohnen nach ca. 1 Std. Garzeit zum Fleisch geben und die Tajine zugedeckt bei mittlerer Hitze noch ca. 20 Min. garen.

ANRICHTEN: Die Tajine mit Salz und Pfeffer abschmecken. Dazu passt Bulgur oder Couscous.

1

2

3

KALBSBEINSCHEIBEN-TAJINE

FÜR GÄSTE

4

5

6

Für 4 Personen • 35 Min. Zubereitung • 2 Std. 30 Min. Garen • Pro Portion ca. 495 kcal, 72 g E, 18 g F, 10 g KH

FÜR DAS FLEISCH
4 Kalbsbeinscheiben (1,2–1,4 kg)

FÜR DAS GEMÜSE
300 g weiße Zwiebeln
300 g Möhren
2 rote Paprikaschoten
2 Knoblauchzehen
5 EL Olivenöl
Salz, Pfeffer
1 EL Harissa
   (scharfe Würzpaste)
½ TL gemahlene Kurkuma
400 ml Kalbsfond (aus dem Glas;
   ersatzweise Hühnerbrühe)
½ Bund Koriandergrün

MEHR DARAUS MACHEN
Für eine Koriander-Gremolata die abgeriebene Schale von 1 Bio-Zitrone, 1 fein gewürfelte Knoblauchzehe und ½ Bund gehacktes Koriandergrün mischen und zum Servieren über die Tajine streuen.

FLEISCH: Die Tajine bei Bedarf mindestens 10 Min. wässern. Das Fleisch waschen, trocken tupfen und an der Fettseite leicht einschneiden (Bild 1). So wölbt sich das Fleisch beim Braten nicht. Dann mit Küchengarn binden, damit das Fleisch beim Braten seine Form behält (Bild 2).

GEMÜSE: Die Zwiebeln schälen, halbieren und in Scheiben schneiden. Die Möhren putzen, schälen und in ca. 1 cm große Würfel schneiden. Die Paprikaschoten halbieren, putzen, waschen und in Streifen schneiden. Den Knoblauch in der Schale mit der Handfläche leicht andrücken.

In der Tajine auf dem Herd 3 EL Öl langsam erhitzen. Den Backofen auf 180° vorheizen. Das Fleisch in der Pfanne in zwei Portionen nacheinander bei mittlerer bis starker Hitze ca. 2 Min. auf jeder Seite braun anbraten, salzen und pfeffern und herausnehmen (Bild 3).

Das übrige Öl in der Tajine erhitzen und die Zwiebeln darin ca. 2 Min. anbraten. Möhren, Paprika und Knoblauch hinzufügen (Bild 4) und noch ca. 3 Min. unter Rühren braten. Harissa, Kurkuma und Fond dazugeben, alles aufkochen und das Fleisch einlegen (Bild 5). Den Deckel auflegen, die Dampfsperre mit kaltem Wasser füllen und die Tajine im Ofen (unten) ca. 2 Std. 30 Min. garen, dabei ab und zu umrühren.

ANRICHTEN: Inzwischen den Koriander waschen, trocken tupfen und die Blätter abzupfen. Das Fleisch ist gar, wenn es sich leicht vom Knochen lösen lässt und zart ist. Die Tajine aus dem Ofen nehmen, nochmals abschmecken und mit Koriander bestreut servieren (Bild 6). Dazu passt Risotto oder Reis.

Für 4 Personen • 30 Min. Zubereitung • 12 Std. Marinieren (über Nacht) • 1 Std. 30 Min. Garen •
Pro Portion ca. 685 kcal, 42 g E, 47 g F, 25 g KH

ORIENTALISCHER LAMMTOPF

WINTER-REZEPT

FÜR DAS FLEISCH

800 g Lammfleisch (aus der Keule;
   ohne Knochen)
5 Pimentkörner
4 EL Olivenöl
1 TL Zimtpulver
1 TL Cayennepfeffer
Salz, Pfeffer
250 ml Fleischbrühe

FÜR DAS GEMÜSE

600 g Wirsing
1 Steckrübe (ca. 350 g)
300 g rote Zwiebeln
100 g getrocknete Aprikosen

FLEISCH: Am Vortag das Lammfleisch in ca. 4 cm große Würfel schneiden. Die Pimentkörner im Mörser fein zerstoßen, mit Öl, Zimt und Cayennepfeffer verrühren. Das Fleisch mit dem Würzöl gründlich mischen und abgedeckt im Kühlschrank ca. 12 Std., am besten über Nacht, marinieren.

Am nächsten Tag die Tajine bei Bedarf mindestens 10 Min. wässern. Den Backofen auf 200° vorheizen. Das marinierte Fleisch kräftig mit Salz und Pfeffer würzen und in der Tajine-Form verteilen. Die Brühe aufkochen und dazugießen. Den Deckel auflegen, die Dampfsperre mit kaltem Wasser füllen und die Tajine im Ofen (unten) ca. 1 Std. schmoren.

GEMÜSE: Inzwischen den Wirsing putzen, halbieren, den Strunk entfernen, die Blätter waschen, trocken schütteln und in ca. 3 cm große Stücke schneiden. Die Steckrübe putzen, schälen und in ca. 1 ½ cm große Würfel schneiden. Die Zwiebeln schälen, längs halbieren und in Streifen schneiden. Die Aprikosen vierteln. Nach ca. 1 Std. Garzeit Wirsing, Steckrübe, Zwiebeln und Aprikosen in die Tajine geben und die Tajine zugedeckt im Ofen noch ca. 30 Min. garen.

ANRICHTEN: Die Tajine aus dem Ofen nehmen und mit Salz und Pfeffer würzen. Dazu passt Fladenbrot oder Couscous, am besten mit Harissa abgeschmeckt.

Im Gefrierbeutel lässt sich Fleisch perfekt marinieren: Die Lammstücke mit dem Gewürzöl in den Beutel füllen, luftdicht verschließen und die Marinade durch Walken einmassieren. Das Ganze aromasicher im Kühlschrank über Nacht durchziehen lassen. So wird das Fleisch beim Garen besonders würzig, zart und saftig.

Für 4 Personen • 45 Min. Zubereitung • 1 Std. 30 Min. Garen • Pro Portion ca. 385 kcal, 28 g E, 23 g F, 17 g KH

LAMM-TAJINE MIT QUITTEN

FÜR GÄSTE

FÜR DAS FLEISCH

1 Gemüsezwiebel
2 EL Olivenöl
750 g Lammgulasch
1 Zimtstange
2 TL rosenscharfes Paprikapulver
2 TL gemahlener Kreuzkümmel
Salz, Pfeffer
250 ml Gemüsebrühe

FÜR DAS GEMÜSE

400 g Möhren
2 Quitten (ca. 500 g)
½ Bund Petersilie

MEHR DARAUS MACHEN

Quitte und Lamm sind ein Dream-Team – das fruchtig-saure Steinobst lässt sich wunderbar mit Herzhaftem kombinieren. Wer es noch einen Tick süßer mag, kann 50 g Rosinen oder Datteln, in Streifen geschnitten, mitgaren.

FLEISCH: Die Tajine bei Bedarf ca. 10 Min. wässern. Die Zwiebel schälen und in kleine Würfel schneiden. Das Öl in der Tajine auf dem Herd langsam erhitzen und das Fleisch darin in zwei Portionen nacheinander bei mittlerer bis starker Hitze in ca. 3 Min. unter Wenden braun anbraten.

Das Gulaschfleisch in die Tajine geben. Zwiebelwürfel, Zimtstange, Paprikapulver und Kreuzkümmel dazugeben und 2–3 Min. mitbraten. Mit Salz und Pfeffer kräftig würzen und die Brühe dazugießen. Den Deckel auflegen und die Dampfsperre mit kaltem Wasser füllen. Die Tajine erst bei starker Hitze aufkochen, dann bei mittlerer Hitze fertig garen – das dauert insgesamt ca. 1 Std.

GEMÜSE: Inzwischen die Möhren putzen, schälen und in ca. 1 cm große Würfel schneiden. Die Quitten vierteln, schälen, entkernen und in ca. 1 cm große Stücke schneiden. Die Möhren und Quitten nach ca. 1 Std. Garzeit zum Lamm geben und gut untermischen. Die Tajine zugedeckt bei mittlerer Hitze noch ca. 30 Min. garen.

ANRICHTEN: Die Petersilie waschen, trocken tupfen, die Blätter abzupfen und fein hacken. Die Tajine aus dem Ofen nehmen, mit Salz und Pfeffer würzen und mit der Petersilie bestreuen. Dazu passt Couscous, am besten mit Harissa abgeschmeckt, oder ein Fladenbrot.

Für 4 Personen • 50 Min. Zubereitung • 45 Min. Garen • Pro Portion ca. 485 kcal, 32 g E, 33 g F, 13 g KH

AUBERGINEN-TAJINE MIT HACKBÄLLCHEN

SCHARF

FÜR DIE HACKBÄLLCHEN

1 Zwiebel
500 g Rinderhackfleisch
1 TL Pul Biber
  (scharfe Paprikaflocken)
Salz, Pfeffer

FÜR DIE AUBERGINEN

800 g Auberginen
2 Zwiebeln
2 Knoblauchzehen
1 Bio-Orange
6 EL Olivenöl
1 EL Tomatenmark
2 TL Pul Biber
Salz, Pfeffer
400 g Kirschtomaten
½ Bund Petersilie

HACKBÄLLCHEN: Die Tajine bei Bedarf mindestens 10 Min. wässern. Den Backofen auf 200° vorheizen. Die Zwiebel schälen und in kleine Würfel schneiden. Mit Hackfleisch und Pul Biber verkneten und kräftig mit Salz und Pfeffer würzen. Aus der Masse mit angefeuchteten Händen 20 Bällchen formen.

AUBERGINEN: Die Auberginen putzen, waschen und ca. 2 cm groß würfeln. Zwiebeln und Knoblauch schälen und fein würfeln. Die Orange heiß waschen, abtrocknen und 1 TL Schale fein abreiben, den Saft auspressen.

In der Tajine 2 EL Öl auf dem Herd langsam erhitzen. Dann die Hackbällchen darin bei mittlerer Hitze in ca. 5 Min. rundum anbraten, herausnehmen. Das übrige Öl in der Tajine erhitzen, die Auberginen darin bei starker bis mittlerer Hitze 3–4 Min. unter Wenden anbraten. Zwiebeln und Knoblauch ca. 2 Min. mitgaren. Tomatenmark und Pul Biber kurz mitdünsten. Orangenschale und -saft und 200 ml Wasser dazugießen, salzen und pfeffern. Den Deckel auflegen, die Dampfsperre mit kaltem Wasser füllen und die Tajine im Ofen (unten) ca. 30 Min. garen.

FERTIGSTELLEN: Inzwischen die Tomaten waschen und halbieren. Nach ca. 30 Min. Garzeit mit den Hackbällchen auf dem Gemüse verteilen. Die Tajine zugedeckt im Ofen noch ca. 15 Min. garen. Inzwischen die Petersilie waschen, trocken tupfen, die Blätter abzupfen und fein hacken. Die Tajine aus dem Ofen nehmen und mit Petersilie bestreut servieren. Dazu passt Sahnejoghurt mit zerbröseltem Schafskäse (Feta).

FISCH & MEERESFRÜCHTE

Für 4 Personen • 30 Min. Zubereitung • 25 Min. Garen • Pro Portion ca. 323 kcal, 39 g E, 16 g F, 7 g KH

FISCH MIT BUNTEM GEMÜSE

KALORIENARM

*750 g Kabeljaufilet (ersatzweise
   Steinbeißerfilet)*
Salz, Pfeffer
*je 1 große rote, gelbe und grüne
   Paprikaschote*
200 g Staudensellerie
250 g kleine Champignons
2 Knoblauchzehen
4 EL Erdnussöl
1 EL Currypulver
200 g Baby-Blattspinat
2 EL heller Sesam

TAUSCH-TIPP

Statt geröstetem Sesam können Sie auch Gomasio, ein Se-
samsalz über das Fischgericht
streuen. Gibt es im Bioladen
fertig zu kaufen.

1 Die Tajine bei Bedarf mindestens 10 Min. wässern. Das Fischfilet waschen, trocken tupfen und in 4–5 cm große Stücke schneiden, mit Salz und Pfeffer würzen.

2 Die Paprikaschoten längs vierteln, putzen, waschen und in ca. 1 cm große Würfel schneiden. Den Sellerie putzen, waschen und in ca. ½ cm breite Scheiben schneiden. Die Champignons putzen und bei Bedarf mit einem Tuch abreiben. Den Knob-lauch schälen und in feine Würfel schneiden.

3 Das Öl in der Tajine auf dem Herd langsam erhitzen und Paprikawürfel, Selleriescheiben und Champignons darin bei mittlerer Hitze ca. 3 Min. unter Wenden anbraten. Den Knob-lauch dazugeben und kurz mitdünsten.

4 Die Fischstücke mit Curry würzen und in die Mitte auf das Gemüse legen. Den Deckel auflegen und die Dampfsperre mit kaltem Wasser füllen. Die Tajine erst bei starker Hitze aufkochen, dann bei mittlerer Hitze fertig garen – das dauert insgesamt 20–25 Min.

5 Inzwischen den Spinat verlesen, waschen und gut abtropfen lassen. Den Sesam in einer Pfanne ohne Fett unter Rühren hell rösten. Dann herausnehmen und auf einem Teller abkühlen lassen. Zum Servieren den Fisch vom Gemüse nehmen. Den Spinat vorsichtig unter das Gemüse heben, mit Salz und Pfeffer abschmecken, mit dem Sesam bestreuen und mit dem Fisch anrichten. Dazu passt Basmatireis.

Für 4 Personen • 40 Min. Zubereitung • 1 Std. Marinieren • 30 Min. Garen •
Pro Portion ca. 365 kcal, 41 g E, 14 g F, 17 g KH

KABELJAU-TOMATEN-TAJINE

ORIENTALISCH

FÜR DEN FISCH

800 g Kabeljaufilet
1 Bio-Zitrone
1 EL Ras el Hanout
   (ersatzweise Currypulver)
Salz

FÜR DAS GEMÜSE

2 rote Zwiebeln
200 g Knollensellerie
300 g Möhren
600 g Tomaten
4 EL Olivenöl
1 Dose passierte Tomaten (400 g)
Salz, Pfeffer
100 g grüne Zitronen-Oliven
   (aus dem Glas)

FISCH: Den Kabeljau waschen, trocken tupfen und in grobe Stücke schneiden, in eine flache Schale legen. Die Zitrone heiß waschen, abtrocknen und die Schale fein abreiben. Die Zitrone halbieren, den Saft auspressen und mit Ras el Hanout, etwas Salz und der Zitronenschale verrühren. Die Fischstücke mit der Gewürzmischung bestreichen und abgedeckt im Kühlschrank ca. 1 Std. marinieren.

GEMÜSE: Die Tajine bei Bedarf ca. 10 Min. wässern. Den Backofen auf 200° vorheizen. Die Zwiebeln schälen und in feine Würfel schneiden. Sellerie und Möhren putzen, schälen und in kleine Würfel schneiden. Die Tomaten kreuzweise einritzen und mit heißem Wasser überbrühen, abschrecken und häuten. Dann die Tomaten ca. 1 cm groß würfeln, dabei die Kerne und Stielansätze entfernen.

ANBRATEN: In der Tajine 2 EL Öl auf dem Herd langsam erhitzen und die Zwiebelwürfel darin bei mittlerer Hitze glasig anbraten. Sellerie und Möhren dazugeben und ca. 5 Min. mitdünsten. Die passierten Tomaten hinzufügen, mit Salz und Pfeffer würzen und alles gut mischen.

FERTIGSTELLEN: Fisch und Tomatenwürfel daraufsetzen. Mit dem übrigen Öl beträufeln. Den Deckel auflegen und die Dampfsperre mit kaltem Wasser füllen. Die Tajine im Ofen (unten) ca. 30 Min. garen. Inzwischen die Oliven in Scheiben schneiden. Fisch und Gemüse auf Teller verteilen, mit Oliven bestreuen. Dazu passen gehacktes Koriandergrün und Reis.

Für 4 Personen • 30 Min. Zubereitung • 40 Min. Garen • Pro Portion ca. 480 kcal, 58 g E, 17 g F, 24 g KH

DORADEN AUS DER TAJINE

FÜR GÄSTE

2 große Doraden (oder 4 kleine;
  ca. 1,2 kg; küchenfertig)
Salz, Pfeffer
3 TL edelsüßes Paprikapulver
4 kleine Knoblauchzehen
12 Schalotten
500 g kleine festkochende
  Kartoffeln (z. B. Drillinge)
2 gelbe Paprikaschoten
  (ersatzweise orange)
4 Tomaten
2 Zweige Rosmarin
6 Zweige Thymian
4 EL Olivenöl

MEHR DARAUS MACHEN
Für einen frischen Touch können Sie zum Servieren noch
½ Bund gehackte Petersilie
über die Doraden streuen und
1 Bio-Zitrone in Spalten zum
Beträufeln dazu reichen.

1 Die Tajine bei Bedarf ca. 10 Min. wässern. Fische waschen, trocken tupfen und die Haut mehrmals einschneiden. Innen und außen mit Salz, Pfeffer und 2 TL Paprikapulver einreiben.

2 Knoblauch und Schalotten schälen und separat in dünne Scheiben schneiden. Die Kartoffeln mit Schale waschen und auf der Gemüsereibe in ca. 2 mm dünne Scheiben hobeln oder schneiden. Die Paprika vierteln, putzen, waschen und in ca. 2 cm große Stücke schneiden. Die Tomaten waschen und ca. 1 ½ cm groß würfeln, dabei die Stielansätze entfernen. Rosmarin und Thymian waschen, trocken tupfen und grob hacken.

3 Den Backofen auf 200° vorheizen. Das Öl in der Tajine auf dem Herd langsam erhitzen und den Knoblauch darin bei schwacher Hitze 1–2 Min. andünsten. Dann die Fische in zwei Portionen nacheinander in der Tajine im Knoblauchöl bei schwacher Hitze 3–4 Min. auf beiden Seiten braten, bis die Haut leicht gebräunt ist. Herausnehmen.

4 Schalotten, Kartoffeln, Paprika, Tomaten, Rosmarin und Thymian in der Tajine 2–3 Min. andünsten. Mit Salz, Pfeffer und übrigem Paprikapulver würzen. 200 ml Wasser dazugießen, das Gemüse mischen und die Fische daraufsetzen. Den Deckel auflegen, die Dampfsperre mit kaltem Wasser füllen und die Tajine im Ofen (unten) ca. 30 Min. garen. Danach den Deckel abnehmen und die Fische offen im Ofen noch ca. 10 Min. garen. Die Fische aus dem Ofen nehmen und mit dem Gemüse servieren. Dazu passt Oliven-Ciabatta.

Für 4 Personen • 50 Min. Zubereiten • 40 Min. Einweichen • 1 Std. Garen •
Pro Portion ca. 710 kcal, 49 g E, 41 g F, 30 g KH

KOKOSLACHS MIT LINSEN

VOLLWERT-REZEPT

200 g Berglinsen
650 g Lachsfilet (ohne Haut)
1 Bio-Limette
2 Knoblauchzehen
3 TL Garam masala (indische
*   Gewürzmischung; ersatzweise*
*   Madras-Currypulver)*
Salz, Pfeffer
3 EL Olivenöl
1 großer Fenchel (ca. 400 g)
2 Stangen Lauch
200 g Kokosmilch (aus der Dose)
400 g Kirschtomaten

1 Die Linsen in einer Schüssel mit kochendem Wasser übergießen und darin 30–40 Min. einweichen.

2 Inzwischen den Lachs waschen, trocken tupfen und in ca. 4 cm breite Stücke schneiden. Die Limette heiß waschen, abtrocknen und die Schale fein abreiben, Saft auspressen. Den Knoblauch schälen und in feine Würfel schneiden. Limettenschale, 1 EL Limettensaft, Knoblauch, Garam masala, 1 TL Salz, Pfeffer und 2 EL Öl zu einer Paste verrühren und die Fischstücke damit rundum bestreichen.

3 Die Tajine bei Bedarf ca. 10 Min. wässern. Den Backofen auf 160° vorheizen. Den Fenchel putzen, längs vierteln und den Strunk entfernen, die Viertel waschen und in ca. 3 cm große Stücke schneiden. Den Lauch putzen, waschen und schräg in ca. 1 ½ cm breite Scheiben schneiden. Die Linsen in ein Sieb abgießen und abtropfen lassen.

4 Das übrige Öl in der Tajine auf dem Herd langsam erhitzen. Dann Fenchel und Lauch darin ca. 3 Min. anbraten, salzen und pfeffern. Die Linsen dazugeben und untermischen, Kokosmilch und 100 ml Wasser verrühren und dazugießen. Den Deckel auflegen, die Dampfsperre mit kaltem Wasser füllen und die Tajine im Ofen (unten) ca. 1 Std. garen. Inzwischen die Tomaten waschen, nach ca. 30 Min. Garzeit mit dem Lachs auf das Gemüse setzen. Zugedeckt im Ofen noch ca. 30 Min. garen. Tajine mit Salz, Pfeffer und Limettensaft abschmecken. Dazu passt Vollkorn-Basmatireis.

GU CLOU

Wussten Sie schon, dass Linsen ein natürlicher Saucenbinder sind? Beim sanften Garen in der Tajine geben sie Stärke ab – das macht die Kokosnusssauce leicht sämig.

Für 4 Personen • 45 Min. Zubereitung • Pro Portion ca. 305 kcal, 13 g E, 17 g F, 10 g KH

MIESMUSCHEL-TAJINE

KLASSIKER

*2 kg frische Miesmuscheln
(küchenfertig)
2 Zwiebeln
4 Knoblauchzehen
200 g Knollensellerie
200 g Möhren
1 Stange Lauch
6 Zweige Thymian
6 EL Olivenöl
Salz, Pfeffer
300 ml trockener Weißwein
(ersatzweise Gemüsebrühe)
1 Bund Petersilie*

1 Die Tajine bei Bedarf mindestens 10 Min. wässern. Muscheln unter kaltem Wasser gründlich abbürsten, bereits geöffnete Exemplare aussortieren. Zwiebeln schälen und in Streifen schneiden. Knoblauch schälen und in Scheiben schneiden. Sellerie und Möhren schälen, in feine Streifen schneiden. Lauch putzen, längs halbieren, waschen und in Halbringe schneiden. Thymian waschen und trocken tupfen.

2 Das Öl in der Tajine auf dem Herd langsam erhitzen, Zwiebeln und Knoblauch darin ca. 2 Min. andünsten. Sellerie, Möhren, Lauch und Thymian ca. 5 Min. mitdünsten, salzen und pfeffern. Wein dazugießen und ca. 2 Min. einkochen, Muscheln daraufsetzen. Deckel auflegen und die Dampfsperre mit kaltem Wasser füllen. Tajine erst bei starker Hitze aufkochen, dann bei mittlerer Hitze fertig garen – das dauert insgesamt ca. 15 Min. Petersilie waschen, trocken tupfen, Blätter abzupfen und hacken. Muscheln mit Petersilie und Sud anrichten (dabei noch geschlossene Exemplare aussortieren).

Für 4 Personen • 1 Std. Zubereitung • Pro Portion ca. 255 kcal, 26 g E, 12 g F, 9 g KH

MEERESFRÜCHTE-TAJINE

SCHARF

600 g gemischte TK-Meeres-
früchte (gegart; z. B.
Garnelen, Tintenfischringe,
Muscheln)
2 Zwiebeln
3 Knoblauchzehen
1 Stück Ingwer (ca. 20 g)
3 kleine getrocknete rote Chili-
schoten
4 EL Olivenöl
1 TL gemahlene Kurkuma
1 Dose stückige Tomaten
(400 g)
600 g kleine Zucchini
Salz, Pfeffer
2 EL Zitronensaft

1 Die Tajine bei Bedarf mindestens 10 Min. wässern. Meeresfrüchte in einem Sieb lauwarm waschen und abtropfen lassen. Zwiebeln, Knoblauch und Ingwer schälen und fein würfeln. Chilischoten im Mörser grob zerbröseln. Das Öl in der Tajine auf dem Herd langsam erhitzen. Zwiebeln, Knoblauch und Ingwer darin bei mittlerer Hitze ca. 2 Min. andünsten. Kurkuma, Chilis und 100 ml Wasser hinzufügen, 2–3 Min. einkochen. Tomaten dazugeben, alles aufkochen und offen bei schwacher Hitze ca. 10 Min. garen, dabei ab und zu umrühren.

2 Inzwischen Zucchini putzen, waschen, längs vierteln und in ca. 5 cm lange Stücke schneiden. Tomatensud salzen und pfeffern, Zucchini und Meeresfrüchte hinzufügen und mit Zitronensaft beträufeln. Deckel auflegen, die Dampfsperre mit kaltem Wasser füllen. Tajine erst bei starker Hitze aufkochen, dann bei mittlerer Hitze fertig garen – das dauert insgesamt ca. 15 Min. Zum Servieren mit Salz und Pfeffer würzen. Dazu passt eine Reis-Wildreis-Mischung.

SÜSSES

MANDELMILCHREIS MIT ZITRUSFRÜCHTEN 🌿

FÜR KINDER

FÜR DEN MILCHREIS

1 Vanilleschote
600 ml ungesüßter Mandeldrink
400 ml Milch
Salz
250 g Milchreis (Rundkornreis)

FÜR DIE ZITRUSFRÜCHTE

2 rosa Grapefruits
2 Orangen
1 EL flüssiger Honig
1 Granatapfel
1 Bio-Limette
2 EL Zucker

MILCHREIS: Die Tajine bei Bedarf mindestens 10 Min. wässern. Die Vanilleschote längs aufschneiden, das Mark herauskratzen und Schote und Mark mit Mandeldrink, Milch und 1 Prise Salz in der Tajine langsam aufkochen.

Den Milchreis in die Gewürzmilch einstreuen, den Deckel auflegen und die Dampfsperre mit kaltem Wasser füllen. Die Tajine erst bei starker Hitze aufkochen, dann bei mittlerer Hitze fertig garen – das dauert insgesamt ca. 40 Min. Dabei nach ca. 20 Min. einmal umrühren.

ZITRUSFRÜCHTE: Inzwischen Grapefruits und Orangen mit einem scharfen Messer so schälen, dass die weiße Haut vollständig entfernt wird. Die Fruchtfilets zwischen den Trennhäuten herausschneiden und den Saft auffangen, die Reste mit der Hand auspressen. Die Zitrusfilets vorsichtig mit Honig mischen. Den Granatapfel halbieren und die Kerne mit einem Löffelstiel über einer Schüssel herauslösen.

ANRICHTEN: Die Limette heiß waschen, abtrocknen, die Schale fein abreiben und mit dem Zucker mischen. Die Vanilleschote aus dem Milchreis entfernen, den Zitrussaft unterrühren. Den Reis mit den Zitrusfilets in tiefen Tellern oder Schalen anrichten und mit Limettenzucker und Granatapfelkernen bestreut servieren.

GU CLOU

Die Tajine ist auch perfekt für einen cremig-weichen Milchreis. Durch das feuchte Klima unter dem konischen Deckel und das Garen bei schwacher Hitze wird verhindert, dass der Reis beim Ausquellen zu trocken wird und anbrennt.

Für 4 Personen • 35 Min. Zubereitung • 20 Min. Garen • 1 Std. Kühlen •
Pro Portion ca. 540 kcal, 6 g E, 34 g F, 57 g KH

KÜRBIS MIT WALNUSSCREME 🍃

AUS DER TÜRKEI

½ Hokkaido-Kürbis (ca. 800 g)
1 Bio-Orange
2 EL Walnussöl
100 g brauner Zucker
1 Zimtstange
2 Gewürznelken
2 EL Zitronensaft
50 g Walnusskerne
200 g Crème fraîche

1 Tajine bei Bedarf mindestens 10 Min. wässern. Kürbis waschen, Kerne und Fasern herauskratzen, Kürbis ca. 2 cm groß würfeln. Orange heiß waschen, abtrocknen, Schale mit dem Sparschäler in ca. 5 cm langen Streifen abziehen, ca. 100 ml Saft auspressen.

2 Das Öl in der Tajine auf dem Herd langsam erhitzen. Den Kürbis darin bei mittlerer Hitze 1–2 Min. anbraten, mit Zucker bestreuen. Orangenschale, Zimtstange, Nelken, Orangen- und Zitronensaft hinzufügen. Deckel auflegen und die Dampfsperre mit kaltem Wasser füllen. Tajine erst bei starker Hitze aufkochen, dann bei mittlerer Hitze fertig garen – das dauert insgesamt 15–20 Min. Vom Herd nehmen und zugedeckt ca. 1 Std. abkühlen lassen, ab und zu umrühren. Inzwischen Nüsse grob hacken und in einer Pfanne ohne Fett anrösten. Herausnehmen und abkühlen lassen, zwei Drittel in die Crème fraîche rühren. Kürbis in Schalen mit je 1 Klecks Walnuss-creme anrichten, mit übrigen Nüssen bestreut servieren.

Für 4 Personen • 30 Min. Zubereitung • Pro Portion ca. 290 kcal, 3 g E, 17 g F, 29 g KH

BIRNEN-FEIGEN-TAJINE 🌿

SCHNELL

*4 kleine reife Birnen
   (à ca. 150 g)
2 EL Zitronensaft
8 getrocknete Feigen
75 g Haselnusskerne
½ Bio-Orange
1 EL Olivenöl
1 EL Butter
2 EL Honig
150 ml Birnensaft
   (ersatzweise Apfelsaft)
2 Sternanise*

1 Tajine bei Bedarf mindestens 10 Min. wässern. Birnen vierteln, schälen und entkernen. Viertel sofort mit Zitronensaft beträufeln, damit sie sich nicht bräunlich verfärben. Feigen klein würfeln. Nüsse grob hacken. Orange heiß waschen und abtrocknen, von der Schale mit dem Sparschäler 2 Streifen abziehen, 2 EL Saft auspressen.

2 Öl und Butter in der Tajine auf dem Herd langsam erhitzen. Dann Honig und Birnensaft hinzufügen. Sternanis, Orangenschale und -saft dazugeben und aufkochen. Die Birnenviertel in den Sud legen und Feigen und Nüsse darüberstreuen. Den Deckel auflegen und die Dampfsperre mit kaltem Wasser füllen.

3 Die Tajine erst bei starker Hitze aufkochen, dann bei mittlerer Hitze fertig garen – das dauert insgesamt ca. 15 Min. Zum Servieren Orangenschale und Sternanis entfernen. Dazu passt halbsteif geschlagene Sahne, mit ½ TL gemahlener Vanille aromatisiert.

Für 4 Personen • 30 Min. Zubereitung • 25 Min. Garen • Pro Portion ca. 385 kcal, 6 g E, 20 g F, 41 g KH

MARZIPANBRATÄPFEL 🍃

FÜR DIE ÄPFEL

*4 große, säuerliche Äpfel
(à ca. 200 g; z. B. Elstar)
3 EL Zitronensaft*

FÜR DIE FÜLLUNG

*50 g Mandeln
1 Bio-Orange
50 g Korinthen
100 g Marzipanrohmasse
4 TL weiche Butter
½ TL Zimtpulver
150 g Cidre (ersatzweise Apfelsaft)
1 EL Puderzucker*

AUSSERDEM

*Apfelausstecher
Puderzucker zum Bestäuben*

ÄPFEL: Die Tajine bei Bedarf mindestens 10 Min. wässern. Die Äpfel waschen und oben einen ca. 2 cm dicken Deckel abschneiden. Die Äpfel mit einem Apfelausstecher großzügig entkernen und die Schnittflächen sofort mit 2 EL Zitronensaft beträufeln, damit sie sich nicht bräunlich verfärben.

FÜLLUNG: Die Mandeln hacken und in einer Pfanne ohne Fett anrösten. Herausnehmen und abkühlen lassen. Die Orange heiß waschen, abtrocknen und 1 EL Schale fein abreiben (Rest anderweitig verwenden). Die Mandeln mit Korinthen, Orangenschale, Marzipan, Butter und Zimt mit den Händen gut verkneten. Die Mischung in die Apfelöffnungen drücken, die Apfeldeckel nach Belieben auflegen.

GAREN: Danach Cidre, übrigen Zitronensaft und Puderzucker in der Tajine auf dem Herd langsam aufkochen. Die gefüllten Äpfel nebeneinander in die Tajine setzen, den Deckel auflegen und die Dampfsperre mit kaltem Wasser füllen.

Die Tajine erst bei starker Hitze aufkochen, dann bei mittlerer Hitze fertig garen – das dauert insgesamt ca. 25 Min. Zum Servieren die Bratäpfel mit Puderzucker bestäuben und mit etwas Sud umgießen. Dazu passt Vanillesauce.

Für 4 Personen • 30 Min. Zubereitung • 20 Min. Backen • Pro Portion ca. 345 kcal, 5 g E, 2 g F, 59 g KH

ZWETSCHGEN MIT CRUNCH 🌿

800 g Zwetschgen
100 ml Apfelsaft
100 g Zucker
2 TL Speisestärke
1 TL Zimtpulver
60 g Amarettini
  (italien. Mandelkekse)
1 Bio-Zitrone
80 g kernige Haferflocken

1 Die Tajine bei Bedarf mindestens 10 Min. wässern. Die Zwetschgen waschen, halbieren und entsteinen, dann leicht überlappend in die Tajine legen. Den Apfelsaft mit 50 g Zucker, Speisestärke und Zimt verrühren und darübergießen. Den Deckel auflegen und die Dampfsperre mit kaltem Wasser füllen. Die Tajine erst bei starker Hitze aufkochen, dann bei mittlerer Hitze ca. 10 Min. garen.

2 Backofen auf 200° vorheizen. Amarettini in einem Gefrierbeutel mit dem Nudelholz grob zerbröseln. Zitrone heiß waschen, abtrocknen und 1 EL Schale fein abreiben (Rest anderweitig verwenden). Brösel mit übrigem Zucker, Zitronenschale und Flocken mischen.

3 Den Deckel abnehmen und den Flockenmix über die Zwetschgen streuen. Die Tajine offen im Ofen (unten) in ca. 20 Min. knusprig überbacken, noch warm servieren. Dazu passt Vanillesauce oder -eis.

Für 4 Personen • 30 Min. Zubereitung • 55 Min. Backen • Pro Portion ca. 745 kcal, 17 g E, 34 g F, 93 g KH

SCHOKO-KIRSCH-CLAFOUTIS 🌿

500 g Sauerkirschen
  (aus dem Glas)
4 Eier (M)
100 ml Milch
150 g Sahne
50 g Mandelmus
100 g Mehl
1 ½ EL Kakaopulver
150 g brauner Zucker
1 Pck. Bourbon-Vanillezucker
Salz
50 g Mandelblättchen

1 Die Tajine bei Bedarf mindestens 10 Min. wässern. Den Backofen auf 200° vorheizen. Die Sauerkirschen in ein Sieb abgießen und bis zur Verwendung gut abtropfen lassen.

2 Die Eier mit Milch, Sahne und Mandelmus mit den Rührbesen des Handrührgeräts glatt verrühren. Mehl mit Kakao, 100 g Zucker, Vanillezucker und 1 Prise Salz so lange unterrühren, bis ein glatter Teig entstanden ist. Teig in die Tajine füllen, Kirschen darauf gleichmäßig verteilen. Deckel auflegen, die Dampfsperre mit kaltem Wasser füllen und die Tajine im Ofen (unten) ca. 45 Min. backen.

3 Inzwischen die Mandeln mit übrigem Zucker mischen. Den Deckel von der Tajine abnehmen und die Mandel-Zucker-Mischung aufstreuen. Clafoutis offen im Ofen noch ca. 10 Min. goldbraun backen. Herausnehmen und lauwarm servieren. Dazu passt Schlagsahne.

REGISTER

Vegetarische Rezepte, die im Buch mit einem 🔻 gekennzeichnet sind, sind hier grün abgesetzt.

Abkürzungsverzeichnis:
E = Eiweiß
EL = Esslöffel
(gestrichen)
F = Fett
kcal = Kilokalorien
KH = Kohlenhydrate
TK- = Tiefkühl-
TL = Teelöffel
(gestrichen)
Ø = Durchmesser

Projektleitung: Vanessa Lotz
Lektorat: Kathrin Gritschneder
Korrektorat: Jutta Friedrich
Gesamtgestaltung: independent Medien-Design, München: Horst Moser (Artdirection), Lucie Heselich, Svenja Wamser
Herstellung: Renate Hutt
Satz: Kösel, Krugzell
Reproduktion: Ludwig:Media, Zell am See
Druck und Bindung:
Firmengruppe APPL, aprinta druck, Wemding
Syndication:
www.seasons.agency
Printed in Germany

3. Auflage 2021
ISBN 978-3-8338-6626-5

www.facebook.com/gu.verlag

GRÄFE UND UNZER

Ein Unternehmen der
GANSKE VERLAGSGRUPPE

DIE AUTORIN

Martina Kittler ist Oecotrophologin, Autorin zahlreicher Kochbücher und wohnt in München. Sie versteht es, Genuss und gesunde Ernährung in unkomplizierte Rezepte zu packen. Für dieses Buch hat sie die Tajine alltagstauglich gemacht und zeigt, wie wunderbar saftig und herrlich aromatisch alles darin gelingt.

DIE FOTOGRAFIN

Anke Schütz fotografiert für namhafte Redaktionen und Buchverlage Food und Lifestyle. Zusammen mit **Claudia Seifert** und **Pedro Torres** (Foodstyling) und **Tania Schultz** und **Kirsten Petersen** (Assistenz) verwandelte sie ihr Studio in eine duftende Orientküche.

BILDNACHWEIS

Anke Schütz: S. 06–59 und Stepfotos auf den Klappen
auen60: S. 01, 05 und Stillleben auf den Klappen
Shutterstock: KHI_4
Autorenfoto: Michael Kremer Fotodesign
Coverfoto: Kathrin Koschitzki

Umwelthinweis:
Dieses Buch ist auf PEFC-zertifiziertem Papier aus nachhaltiger Waldwirtschaft gedruckt.

LIEBE LESERINNEN UND LESER,

wir wollen Ihnen mit diesem Buch Informationen und Anregungen geben, um Ihnen das Leben zu erleichtern oder Sie zu inspirieren, Neues auszuprobieren. Wir achten bei der Erstellung unserer Bücher auf Aktualität und stellen höchste Ansprüche an Inhalt und Gestaltung. Alle Anleitungen und Rezepte werden von unseren Autoren, jeweils Experten auf ihren Gebieten, gewissenhaft erstellt und von unseren Redakteuren/innen mit größter Sorgfalt ausgewählt und geprüft.

Haben wir Ihre Erwartungen erfüllt? Sind Sie mit diesem Buch und seinen Inhalten zufrieden? Wir freuen uns auf Ihre Rückmeldung. Und wir freuen uns, wenn Sie diesen Titel weiterempfehlen, in Ihrem Freundeskreis oder bei Ihrem online-Kauf.

Sollten wir Ihre Erwartungen so gar nicht erfüllt haben, tauschen wir Ihnen Ihr Buch jederzeit gegen ein gleichwertiges zum gleichen oder ähnlichen Thema um.

KONTAKT ZUM LESERSERVICE

GRÄFE UND UNZER VERLAG
Grillparzerstraße 12
81675 München
www.gu.de

APPETIT AUF MEHR?

ISBN 978-3-8338-6627-2

ISBN 978-3-8338-6620-3

ISBN 978-3-8338-6628-9

ISBN 978-3-8338-6467-4

ISBN 978-3-8338-5943-4

ISBN 978-3-8338-6622-7

Mehr von GU auf **www.gu.de** und **f** **facebook.com/gu.verlag**

DIE »GU KOCHEN PLUS«-APP

1 APP HERUNTERLADEN

Laden Sie die kostenlose »GU Kochen Plus«-App im Apple App Store oder im Google Play Store auf Ihr Smartphone. Starten Sie die App und wählen Sie Ihren Küchenratgeber aus.

2 REZEPTBILD SCANNEN

Scannen Sie das gewünschte Rezeptbild mit der Kamera Ihres Smartphones. Klicken Sie im Display die Funktion Ihrer Wahl.

3 FUNKTIONEN NUTZEN

Sammeln Sie Ihre Lieblingsrezepte. Speichern und verschicken Sie Ihre Einkaufslisten. Oder nutzen Sie den praktischen Supermarkt-Finder und den Rezept-Planer.